O PUDOR

3ª edição

Tradução
Fábio Cerquinho

@editoraquadrante
@editoraquadrante
@quadranteeditora
Quadranta

QUADRANTE

São Paulo
2023

Título original
Il pudore

Copyright © 1991 by Ediciones Ares, Milão

Capa
Provazi Design

Dados Internacionais de Catalogação na Publicação (CIP)

Simoncini, Ada
 O pudor / Ada Simoncini, traduzido por Fábio Cerquinho —
3ª ed. — São Paulo: Quadrante, 2023.

 ISBN: 978-85-7465-538-3

 1. Ética e as relações sociais 2. Família I. Título

CDD-177

Índice para catálogo sistemático:
1. Ética e as relações sociais : Família 177

Todos os direitos reservados a
QUADRANTE EDITORA
Rua Bernardo da Veiga, 47 - Tel.: 3873-2270
CEP 01252-020 - São Paulo - SP
www.quadrante.com.br / atendimento@quadrante.com.br

SUMÁRIO

O PUDOR.. 5

SOCIEDADE E PUDOR................................. 71

O PUDOR

Ada Simoncini

No final da sua obra-prima, Dante conta-nos ter adivinhado um sorriso nos olhos de Beatriz: «Pois em seus olhos brilhava um riso / tal que pensei com os meus tocar o fundo / da minha glória e do Paraíso» (*Paraíso* XV, 34-36).

Mas são os olhos que sorriem? Na realidade, deveria dizer-se que são os lábios, os olhos, o rosto, a pessoa toda que sorri, exprimindo-se com o corpo, modificando a comissura dos lábios e harmonizando esse movimento com outros, de distensão ou de franzir da fronte, do queixo e de cada músculo facial. Parece, porém, que são os olhos que acumulam com maior densidade os pequenos músculos ultras-sensíveis às menores emoções do espírito. Talvez seja esta a razão — não obstante o surpreendente poder de expressão do corpo humano na sua totalidade — de que o máximo grau desse poder se acentue nos olhos, no olhar.

Os olhos são a janela da alma. Do mesmo modo que permitem debruçar-nos para fora de nós e contemplar os espaços limitados da matéria circundante, oferecem-nos a possibilidade de debruçar-nos para dentro dos «espaços infinitos» dos nossos semelhantes, mundo sempre tão rico de matizes, por mais pobre que nos pareça. É o mundo pessoal, o espírito dos homens com quem mantemos relações amistosas, que assoma aos seus olhos, à janela das suas almas.

Compreende-se que o olhar desempenhe um papel de singular importância na estrutura límpida e nobre do amor. É «como a alma que flui», na expressão incisiva de um famoso escritor. Diz a Escritura: *Pelo aspecto se conhece o homem, pelo rosto se conhece o homem sensato* (Ecl 19, 26).

O sentido da visão sempre foi considerado o mais próximo do intelecto, o que melhor o serve e com maior assiduidade. Os homens compreendem mais facilmente aquilo que veem. É por isso que o intelecto nos impele a *olhar*, de preferência a outros modos de captar a realidade. E quando se trata de compreender realidades invisíveis — o próprio Deus, por exemplo, espírito puro —, formamos uma imagem, uma ideia interior «visível», que facilita o trabalho da inteligência. O espírito humano nutre-se sobretudo de coisas que de certa maneira «são vistas».

Por outro lado, o espírito manifesta-se em coisas visíveis, o que, para falar com propriedade, só acontece com o homem (unidade composta de corpo e alma espiritual). O corpo humano, visível, revela realidades invisíveis: afetos, sentimentos, atitudes, ideias. Esta manifestação do espírito na carne fundamenta e caracteriza todas as relações humanas.

Aquilo que os olhos veem, além disso, imprime na alma uma marca profunda. Nela, no arquivo das lembranças, ficará conservada a imagem do que foi visto, pronta a retornar quando menos se espera. Entretanto, em aparente inatividade, vai-se formando um sedimento que pode constituir um substrato rico e fecundo para o pensamento e para a vida, ou, pelo contrário, um lamaçal imundo e vil. Os olhos revelam-nos a maravilha do mundo e também a sua imundície. Uma e outra penetram de certo modo no espírito e o condicionam sempre. Segundo as disposições pessoais, influem mais ou menos, num ou noutro sentido.

Um olhar é importante para aquele que olha e também para aquele que depara com esse olhar. Dante, devido ao olhar risonho e luminoso de Beatriz, sente o espírito elevar-se, transportar-se ao Paraíso em que vive a sua amada e atingir a sua grandeza. Vale a pena prestar atenção a este aspecto que, de resto, pertence à experiência cotidiana. Se o olhar é «como a alma que flui», não nos admiraremos de que as pessoas de espírito puro, límpido e generoso, difundam uma aura com iguais características. Com toda a naturalidade, essas pessoas influenciam e atingem profundamente aqueles que estão ao seu redor e possuem suficiente capacidade receptiva. O olhar de outra pessoa pode enriquecer os nossos sentimentos ou mergulhar-nos num abismo de vileza.

Evidentemente, também depende do nosso espírito que aconteça uma coisa ou outra. Se a mais agradável das essências aromáticas for derramada sobre uma carrada de esterco, o odor fétido do estrume adulterará o perfume da essência e a perda será irreparável. Um único olhar pode perder uma alma ou salvá-la. Se se pretende conservar, junto com a alma, um olhar límpido que permita ver a realidade com pureza (o que equivale a manter o espírito incontaminado), cumpre selecionar o mais possível os objetos da nossa visão. O nosso olhar vale muito para que o deixemos vaguear à toa, maculando-se no primeiro objeto que encontre.

É necessário, pois, tomar cuidado com a nossa visão, reservá-la para o que enriquece a alma, protegê-la contra o que possa manchá-la, sem desperdícios letais. *Se o teu olho for limpo, todo o teu corpo estará iluminado*, diz o Senhor. Se o teu olho for simples, livre de misturas bizarras, se o teu olho for puro, todo o teu corpo — isto é, «tu», na tua inteireza — será puro, cheio de luz. São palavras que nos convidam a tomar cuidado com o nosso olhar, a guardá-lo como se guarda um tesouro, como se guarda a alma, que, afinal, é o agente do ato de ver, do «fluir» através das janelas do corpo. A alma tem de ser límpida e pura, porque pertence a Deus, unicamente a Deus, e Deus é a pureza: nada de Deus pode ser impuro.

Compreende-se assim o que pretendem os clássicos da espiritualidade ao recomendarem a *guarda da vista*. Se bem que às vezes seja impossível «não ver», sempre é possível «não olhar». Guardar o olhar equivale a enriquecer a alma: para nós mesmos, para o nosso próximo e — o que é mais importante — para Deus. Não é tarefa simples neste mundo, que não respeita nem dá valor à intimidade pessoal.

O nosso olhar está submetido a bombardeios constantes e pertinazes. Inúmeras imagens, capazes de embrutecer a alma, projetam-se diante dos nossos olhos sem nenhum aviso, desvendando-nos paisagens inesperadas. Impõe-se, pois, de forma tirânica, um estado constante de vigilância. A maré de pornografia mostra-se ascendente, implacável, devora o que encontra de límpido, de honesto e puro pela frente, a menos que se esteja permanentemente alerta. Os que têm meios de evitá-la nada ou bem pouco fazem para conter tamanha avalanche. Parece que, ao contrário do policiamento exercido sobre a qualidade do ar que respiramos, as almas podem ser contaminadas impunemente pelas imagens que chegam aos nossos olhos.

É imperiosa uma reação enérgica por parte de todos os homens honestos, em especial dos cristãos, que devem sentir-se mais responsáveis. Já não é possível conter os protestos, porque o mundo tem que redescobrir o valor do senso de pudor e de modéstia. São virtudes que todos devemos possuir e que se revelam de particular importância para a mulher. Sem elas, a dignidade feminina acaba por desabar.

Virtude e elegância

Ainda que nunca tenham faltado na sociedade os comerciantes da carne humana, decididos a pôr o pudor em ridículo, sabemos bem que se trata de um sentimento universal que tende a proteger a nossa intimidade, além de ser uma sábia disposição do Criador. Com efeito, o pudor é uma defesa natural contra possíveis olhares impudicos e furtivos que tentam transformar o corpo humano em instrumento de satisfações egoístas; mas é também o contrapeso da nossa própria concupiscência, que não necessita de estímulos extraordinários para manifestar-se e destruir a pureza da alma e do corpo.

Não se deve esquecer que, num dado momento, a carne começou a nutrir desejos contrários aos do espírito (cf. Gal 5, 17): quando o homem pecou pela primeira vez. As paixões rebelaram-se contra a razão e o corpo humano perdeu aquela primitiva beleza que o diferenciava radicalmente do corpo dos animais. Inicialmente, o espírito permeava o corpo, por assim dizer, de modo que este deixava transparecer maravilhosamente a alma. O olhar humano penetrava no mais profundo da pessoa, onde resplandecia de modo surpreendente a imagem de Deus, presente tanto no homem como na mulher.

A pureza original do corpo, a sua participação na essência de um espírito límpido, era contemplada com um olhar igualmente puro, livre de qualquer vestígio de concupiscência. Uma vez rompido o vínculo com Deus, o espírito perde, em boa parte, o domínio sobre o corpo, cuja elegância e transparência também se extraviam.

Nasce assim a vergonha de experimentar na própria carne aquilo que o Concílio de Trento chamou a «sedução do pecado». As relações íntimas entre o homem e a mulher, que em si eram perfeitamente honestas antes do pecado original, transformam-se agora em possível ocasião de ofensa a Deus. Não se pode evitar, na nossa condição atual, o sentimento de verdadeira cumplicidade com desejos sórdidos e vulgares. *Então [...], vendo que estavam nus, tomaram folhas de figueira, entreteceram-nas e fizeram cinturas para si*, recorda o livro do Gênesis (3, 7). Os nossos primeiros pais tiveram de pedir emprestado à natureza o que já não podiam encontrar em si próprios: uma aparência plenamente humana para os seus corpos. A partir desse instante, a roupa torna-se um complemento obrigatório para um corpo que perdeu a sua natural transparência, e que precisa esconder-se quase completamente, desviar de si a atenção, para deixar transparecer a pessoa que contém (a sua «personalidade»). Esta é a condição para que o olhar não se perca no corpóreo e possa ainda alcançar aquilo que é especificamente humano, ou seja, os domínios do espírito. Somente deste modo as relações entre as criaturas humanas puderam voltar a ser verdadeiramente pessoais.

Nesta perspectiva, a elegância não é outra coisa senão a manifestação do espírito na materialidade de uma ação (ou do comportamento, do gesto), segundo um modo peculiar e pessoal. Elegância é adaptar-se às circunstâncias. A roupa torna-se então uma exigência da elegância entendida como virtude moral. Caso contrário, a personalidade desaparece, como teremos ocasião de ver detalhadamente.

A função da roupa é precisamente ocultar algumas partes do corpo, adornando-o de tal modo que, mesmo que seja «agradável vê-lo», a atenção não se deixe absorver por ele, mas alcance a própria pessoa. De outra forma, as relações entre as pessoas — sobretudo entre o homem e a mulher — descem a um nível infrapessoal, que se poderia definir como «desumano». É evidente que, quando o pudor é ignorado pela moda, já não se pode falar de elegância. A única palavra que nos resta usar é a contrária: grosseria.

Quando se subvertem as leis do pudor, o vestuário não faz mais do que atrair a atenção para o que há de menos original e pessoal no corpo humano. Torna-se então simplesmente estúpido falar de elegância, de personalidade ou de autênticas relações pessoais. No fundo, ainda que não se queira admiti-lo, todos sabem que é uma hipocrisia falar de beleza ou de elegância a propósito de pessoas que passam com toda a sem-cerimônia por cima das leis do pudor.

Se refletirmos bem, observaremos que, quando uma obra de arte nos apresenta um nu belo e elegante — livre, portanto, de qualquer procacidade —, essa beleza e essa elegância baseiam-se na idealização plasmada pelo artista na sua obra. Esta idealização constitui um verdadeiro véu de pudor, que permite uma contemplação isenta de malícia. Infelizmente, nem sempre os artistas possuem a necessária retidão para descobrir esta lei e ser-lhe fiéis.

Quando os homens reduzem as suas aspirações ao «comamos e bebamos porque amanhã morreremos», é lógico que percam todo o interesse pelas virtudes opostas aos «desejos da carne» (no sentido mais brutal da expressão). É exatamente isto o que acontece no mundo atual. O pudor é considerado uma repressão patológica do impulso sexual; é algo de que deveríamos libertar-nos a fim de garantirmos uma normalidade psíquica. Esta é a visão do pudor que nos apresenta o materialismo ateu, de cunho freudiano-marxista. Todo e qualquer tipo de aberração fica automaticamente justificado por essas doutrinas cujos falsos pressupostos são apresentados em termos dogmáticos. Não precisamos de uma sagacidade especial para aquilatar as catastróficas consequências que derivam desses ensinamentos.

Libertação repressiva

As ideias de *tabu*, *repressão* e *libertação* tornaram impopular qualquer tentativa de defesa do pudor, como se este não passasse de uma inequívoca retração da corporeidade (isto é, da carne, mas desta vez tomada no sentido nobre da palavra). O escritor Sanchez Ferlosi convidava aqueles que «utilizam com abundância o atualmente risível termo repressão» a reconsiderar o assunto e a procurar enxergar o que é que hoje realmente vem sendo «reprimido». Porque pode muito bem acontecer que o que se chama «libertação» deva ser chamado com mais propriedade «repressão da repressão». Bem vistas as coisas, poder-se-ia concluir que semelhante tipo de libertação equivale antes a uma repressão ao quadrado. É de temer que seja esta a verdade, para não dizer que estamos certos disso.

O pudor é, em boa parte, inato e conatural ao homem. Ainda que apresente manifestações em certa medida diferentes, esteve e continua presente em todos os seres humanos, em qualquer época e lugar. Não se pode considerá-lo um mero fruto de condicionalismos sociais. Não se pode pensar que seria uma vitória eliminá-lo da vida ordinária, como também não o seria eliminar a necessidade de alimentar-se. Comer pode constituir por vezes uma tarefa penosa, mas, nesse caso, há um claro sintoma de doença. É verdade que o homem é o único animal que pode decidir não se alimentar, mas essa decisão, levada ao extremo, acarretaria a morte.

Uma pessoa pode ter vontade de atirar-se pela janela, e, nesse caso, «reprimir» esse desejo não é uma «repressão» nociva, mas uma autêntica expressão de liberdade e de domínio sobre as paixões. Não se reprimir seria, neste caso, um suicídio. Concluímos, por analogia, que é um despropósito chamar «repressão» ao respeito pelas normas ditadas pelo pudor. As repressões realmente letais são as perpetradas pelos movimentos que expõem o pudor ao ridículo, semeando complexos entre os que ainda creem na sua própria dignidade de homens e mulheres, e estão conscientes de possuir um corpo criado para servir a pessoa como um todo.

O respeito à intimidade

O que vem a ser, afinal, o pudor? Antes de mais nada, deve-se frisar que não pode ser relacionado exclusivamente com a sexualidade. Tomado em sentido amplo, entende-se por pudor a tendência inata de zelar por tudo o que pertence à intimidade da pessoa, defendendo-a de qualquer intromissão inoportuna. Onde há intimidade — encarada no seu sentido mais amplo —, o pudor desabrocha necessariamente. Nada mais natural, já que a intimidade, de per si, vela-se, protege-se e esconde-se no seu mistério.

A rigor, o que é «íntimo» identifica-se com o que é «pessoal». É por isso que as pessoas se encontram à vontade e se manifestam com liberdade justamente nos ambientes íntimos. Nessas situações, não têm receio de vir a perder a imagem ou de ser mal interpretadas.

Há coisas que só se podem manifestar na intimidade, por estarem estreitamente vinculadas ao que há de mais profundo, de mais «íntimo» na pessoa, individualizando-a e mostrando quem realmente ela é. Ao tornar-se público, aquilo que é íntimo esvai-se, perde valor, e a pessoa sente-se de certo modo violentada. É como se algo de grande preço lhe tivesse sido roubado, como se uma parte de si mesma se despedaçasse e se perdesse no exato instante em que caiu no domínio público. Neste sentido, perder a intimidade equivale a perder o domínio próprio, a perder-se como ser humano.

O pudor é a tendência natural de defender o domínio sobre «aquilo que é mais meu»; não as «minhas» coisas, o que possuo, mas a mim mesmo — o eu, entendido aqui como o que possuo de mais vitalmente íntimo, algo que tem valor somente para mim e para aqueles que me são mais chegados e podem ser considerados quase um prolongamento do meu ser. Descobrir a intimidade aos que se situam fora de um âmbito verdadeiramente «íntimo» equivale a perder-se, a cessar de ser dono daquilo que tem maior valor na vida da pessoa.

Compreende-se assim que, quanto mais rica é uma personalidade, tanto mais precisará de privacidade, tanto maior amplidão e valor terá a sua intimidade. São estes os casos em que o senso do pudor é mais forte. As pessoas frívolas, pelo contrário, aquelas que se revelam carentes de uma autêntica vida interior, estão mais inclinadas a tornar pública a sua intimidade. Na sua pobreza moral, consideram-na coisa de pouco valor. Embora sejam egoístas, não se apreciam pelo que valem; não têm escrúpulos em expor-se à curiosidade igualmente frívola daqueles que somente se interessam por assuntos vazios e inconsistentes.

«Certamente — observa Gabriel Marcel —, poderá ocorrer o caso de uma intimidade patológica, quando esta se encerra em si mesma e se transforma assim em exclusão e cegueira.

A verdadeira intimidade é algo bem diferente». O pudor — em parte inato, em parte fruto de uma boa educação — ensina a discernir aquilo que verdadeiramente deve ser resguardado, indicando também de que modo e em que circunstâncias se podem manifestar certas realidades sem que a pessoa se prejudique.

Ainda que seja uma defesa natural contra qualquer violação da intimidade, o pudor reveste-se de uma especial importância perante as agressões no campo da sexualidade, às quais se poderia sucumbir facilmente se não se recorresse a algumas normas de prudência indispensáveis à própria natureza humana. Nesta ordem de coisas, o pudor revela-se como uma virtude moral. É um hábito que facilita a vigilância em face dos perigos a que a pureza está sujeita, das influências do ambiente que podem ocasionar afetos ou comoções sexuais inoportunas, e das ameaças contra a reta ordenação dos instintos. Assume a função de moderador do apetite sexual, ajudando a pessoa a desenvolver-se num clima humano em que está assegurada a supremacia do espírito.

Com palavras de Pio XII, o pudor «bem pode chamar-se *a prudência da castidade*. Pressente o perigo iminente, impede que a pessoa se exponha ao risco e impõe a fuga das ocasiões a que se expõem os menos prudentes. Não lhe agradam as palavras torpes ou menos honestas, e detesta a mais leve imodéstia. Evita a familiaridade suspeita com pessoas do outro sexo, porque enche a alma de profundo respeito pelo corpo, que é membro de Cristo (cf. 1 Cor 6, 15) e templo do Espírito Santo (cf. 1 Cor 6, 19). A alma cristãmente pudica tem horror a qualquer pecado de impureza e retira-se ao primeiro assomo da sedução» (Encíclica *Sacra virginitas*, n. 56). O pudor não constitui, portanto, uma força repressiva, exceto para aqueles que procuram mascarar a luxúria sob a aparência de virtude.

Os que conhecem a dignidade do ser humano — do homem inteiro, corpo e alma —, criado à imagem e semelhança de Deus e chamado a ser templo do Espírito Santo, reconhecem o pudor como aquilo que realmente é: um poderoso aliado na defesa do corpo — parte integrante do nosso ser — perante a agressividade dos impulsos sexuais descontrolados que quereriam transformá-lo em objeto de prazer, traindo a finalidade querida pelo Criador. Sabemos bem que existe uma lei de Deus, objetiva e de validade universal, que obriga a evitar (para nós e também para os outros) toda a excitação dos apetites sexuais fora do âmbito da intimidade conjugal, que tem por fim a procriação como ato próprio e inequívoco. Não há dúvida nenhuma de que desnudar determinadas partes do corpo humano em outras circunstâncias constitui um estímulo fortemente contrário às exigências da castidade.

Para além das modas

Não se pode negar que, dentro de certos limites, os usos e costumes sociais mudam com o tempo. Contudo, deve-se também dizer que o campo do relativo e do convencional é muito mais restrito do que poderia parecer. Existe um limite real entre o decente e o indecente, quer o reconheçamos, quer não. Uma pessoa que se esforce por viver cristãmente consegue distinguir sem maiores dificuldades a modéstia da imodéstia e o pudor da falta de vergonha.

Há, porém, o caso das pessoas que carecem de discernimento, e que procuram avaliar a honestidade ou a malícia de uma determinada situação pelas reações que provoca. Assim, por exemplo, já que parece não se verificarem reações propriamente eróticas diante do espetáculo oferecido numa praia ou numa piscina, é comum ouvir dizer que ali «não há nada de mau».

Não faltam também os que sustentam que se cometem menos pecados de luxúria nas nossas praias do que se cometiam nos balneários da *belle époque*. Hipótese tão verossímil quanto dúbia, que alimenta a tese do relativismo nas normas morais, bem como a do «acostumar-se». Segundo essa tese, o hábito de contemplar o nu mais ou menos total levaria a superar a possibilidade de ter reações eróticas, a menos que interviesse uma intenção pervertida.

Nasceram, deste modo, novas «pedagogias» que pretendem «educar» jovens e crianças. Colocando-os em ocasião de pecado, pretende-se «acostumá-los» aos estímulos para assim fazê-los superar os perigos da puberdade. Talvez pudéssemos dizer destes métodos que são extremamente ingênuos, mas seria melhor chamá-los heréticos, ou «praticamente heréticos», pois na realidade negam o dogma do pecado original e as consequências que dele derivam. A natureza humana — no corpo e na alma — *in deterius commutata est*, ficou deteriorada, de modo que a devida submissão das faculdades inferiores às superiores falha com muita frequência, como aliás todos nós sabemos muito bem.

Certamente, o próprio nu, considerado materialmente, pode ser honesto ou impudico: isso depende de que seja exigido, por exemplo, por motivos de saúde ou ditado por desejos exibicionistas. Há, neste sentido, uma certa elasticidade, ainda que o pudor permaneça em boa parte inato no homem. Efetivamente, circunstâncias diferentes de idade, temperamento, propensões, indiferenças ou repulsas influem coletiva ou individualmente numa certa relativização do que é impudico. Contudo, certas ações, representações ou modos de vestir serão sempre proibidos de modo geral, pois são motivo de escândalo para outros, ainda que possam ser pessoalmente indiferentes num caso ou noutro.

Podemos, portanto, afirmar que, se bem que existam manifestações «relativas» do pudor, mutáveis conforme as circunstâncias, nem tudo é relativo no pudor. Sobretudo, é preciso enfatizar que o pudor deve estar presente em toda a situação humana e manifestar-se de forma adequada.

A Igreja, Mãe e Mestra, indica a existência de algumas «leis do pudor cristão» (Pio XII, Encíclica *Sacra virginitas*). De acordo com o que vimos até agora, podemos afirmar que algumas dessas leis são mutáveis e relativas, mas ao mesmo tempo deve-se sustentar que o pudor tem igualmente leis fundamentais, permanentes, normas de conduta que todo o adulto conhece por instinto no seu valor de vínculo moral, ainda que — como acontece em muitos outros casos — a consciência possa estar cauterizada e tê-lo perdido de vista.

Costuma-se dizer que um centímetro a mais ou a menos de roupa é coisa de pouca importância; não interferiria na moralidade da indumentária. Isto pode ser verdade ou não. É um assunto que talvez não tenha sido analisado com muita felicidade, mas que pode ser esclarecido bastante satisfatoriamente. Qualquer pessoa está apta a descobrir as respostas com suficiente exatidão, se partir de princípios cuja razão de ser se encontra nas próprias características do corpo humano.

O corpo humano: um milagre

Ao fundir-se com a matéria, o espírito eleva-a a níveis insuspeitados.

Desaparece assim qualquer antagonismo entre matéria e espírito, pois ambos são criaturas de Deus, unidas de forma substancial no homem. A matéria — entendida como um complexo de forças materiais e orgânicas — adquire um novo modo de ser, tão novo que já não é possível falar de continuidade entre o corpo de um animal e o corpo de um ser humano.

As teses evolucionistas revelam-se insuficientes perante a formidável novidade que representa o ser humano, quando comparado com as demais criaturas mais ou menos semelhantes a ele exteriormente. Notamos essa insuficiência, sobretudo, se não nos detemos somente naquilo que vemos, mas observamos a realidade e aprofundamos nela, refletindo sobre o que acontece com o homem e o que se passa na vida animal. As diferenças são tão profundas que as semelhanças empalidecem.

A razão humana chega então a compreender aquilo que a fé católica afirma: no homem há «algo» de novo, de superior, que só pode ser criação direta de Deus. Esse «algo» é a alma espiritual que, ao ser infundida na matéria, a transfigura. Na realidade, nunca vemos o corpo humano como mero corpo, mas sempre como uma forma carregada de alusões à *intimidade* de um mundo rigorosamente pessoal. Sendo assim, o corpo não constitui o ponto final das nossas percepções, mas remete-nos para algo que está além e que o próprio corpo representa.

O corpo humano é aquilo que é (um corpo), mas exprime também aquilo que não é: uma alma. A carne do homem manifesta algo latente, tem um significado e exprime um sentido. É a alma que captamos quando nos olhamos reciprocamente nos olhos. Nesta janela da alma que os olhos representam, aparece um complexo de sentimentos, de atitudes e de desejos. Um sorriso não é simplesmente a contração de determinados músculos faciais. É principalmente um fenômeno espiritual, que se revela sem necessidade de complicadas indagações.

Dentro da unidade constitutiva do ser humano, percebe-se claramente, além disso, que é o espírito que domina os processos vitais vegetativos e sensitivos. É também ele que vai moldando a fisionomia pessoal com modalidades sobretudo naturais, desde o momento em que o embrião assume a pequena massa do óvulo fecundado. Compreende-se bem esta realidade quando a encaramos do ponto de vista filosófico, pois sabemos que é a alma que infunde o ser no corpo, fazendo-o participar do ser da alma. Mas não é o caso de aprofundarmos neste assunto, pois exigiria longas e árduas considerações, com certeza apaixonantes para os filósofos, mas de pouca utilidade para as nossas reflexões do momento.

A verdade é que a alma consegue dar uma certa ideia de si mesma ao modelar o corpo e inscrever nele, paulatinamente, a sua história, através do comportamento geral dos seus membros ou do rosto. O rosto do santo e o do libertino refletem dois mundos diferentes. E nós, sem necessidade de um grande esforço de análise, mas pelo mero recurso ao senso natural (mais profundo que a própria razão), captamos a santidade ou o vício nesses rostos. Entre esses dois extremos, situa-se o rosto enigmático, volúvel e medíocre, como com frequência é o nosso. Realmente, somos pobres homens que não se afundaram no vício por pura misericórdia de Deus. Mas, oprimidos pela debilidade humana, encontramo-nos tristemente distantes da santidade.

O corpo pode, pois, chegar a ser uma imagem completa da alma, um claro sinal do nosso mistério pessoal. É costume dizer-se, meio a sério, meio brincando, que um homem, ao atingir os trinta anos de idade, já é responsável pelo seu «visual». Pretende-se dizer com isso que, em torno dessa idade, o tempo transcorrido já foi suficiente para que uma pessoa imprimisse a sua «personalidade» no seu próprio rosto. Neste sentido, quando alguém tem o que se costuma chamar uma «cara feia», de modo geral o que ocorre é que a feiura está no seu interior. «Certamente — dizia Ortega y Gasset, e nisto tinha provavelmente toda a razão —, no nosso aspecto físico e nos nossos gestos não transparece toda a nossa interioridade: quem já conseguiu formar uma ideia completamente exaustiva de um objeto? Quem já viu, por exemplo, uma laranja inteira? Qualquer que seja o ângulo de observação, só poderemos ver a parte que está voltada para nós; o resto da sua superfície permanecerá sempre fora do nosso campo de visão. A única coisa que podemos fazer é girar em torno do objeto físico e somar os aspectos que sucessivamente se nos apresentam; mas o que não é possível é fazê-lo por inteiro e de um só golpe de vista, de modo a ter uma visão real e imediata.

«É oportuno não esquecermos esta observação muito simples, pois geralmente pensamos que o mundo material é algo completamente manifesto e que, pelo contrário, o mundo interior é completamente inacessível. Em ambos os casos há um exagero. Os jovens, sobretudo, acham que a sua interioridade, que os seus vícios de caráter são um profundo segredo que trazem dentro de si, bem protegido pela materialidade opaca do corpo. Não é assim. O nosso corpo deixa a descoberto a nossa alma, anuncia-a ao mundo, vai gritando-a aos quatro ventos. A nossa carne é um meio transparente, no qual se refratam as luzes da interioridade que a habita».

Esta observação pode ser completada recordando que o corpo dificilmente engana. Pode-se tentar falsificá-lo, obrigá-lo a realizar o mal, mas esse comportamento não é espontâneo nem normal. Entre as pessoas sãs, existe muita diferença entre o gesto estudado para enganar e a expressão natural do rosto, na qual sempre se reflete a verdade. Esta diferença constitui um dos sinais da mentira. O menino que não sabe mentir, o homem reto que vez por outra mente, seja por fraqueza ou por cortesia, fazem-no em geral tão grosseiramente que se traem. Este tipo de malogro é o sinal da nobreza e da transparência da alma através do corpo.

Uma linguagem que deve ser respeitada

A maravilhosa expressividade do corpo humano está concentrada em algumas regiões, ainda que o corpo inteiro, visto no seu conjunto harmônico, reflita também atitudes e sentimentos interiores. Um amigo arquiteto fazia-me notar que o corpo humano pode ser entendido não apenas como um conjunto de membros e órgãos harmoniosamente dispostos, mas também como uma pluralidade daquilo que ele chamava «unidades anatômicas». Pareceu-me uma expressão bastante feliz para falar com precisão do pudor, sem ter que pôr de pernas para o ar as suas leis.

Todas as «unidades anatômicas» do nosso corpo possuem um certo significado: «dizem», significam ou exprimem alguma coisa. Mas é conveniente distinguir entre expressão e significado. Recorremos à palavra «expressão» para indicar aquilo que acontece quando um fenômeno material nos revela outros de caráter espiritual. Já «significado» remete àquilo que um fenômeno manifesta fora de um âmbito estritamente espiritual.

Tudo o que exprime alguma coisa também a «significa», mas nem tudo o que significa «exprime».

Pois bem, qualquer dos elementos que chamamos «unidades anatômicas» possui um particular significado, que vai da suma expressividade ao mero dado material. Podemos supor que o corpo glorificado, encontrando-se em plena harmonia com o espírito, será sumamente expressivo. Mas, no nosso atual estado de natureza decaída, também a expressividade do corpo humano sofreu uma considerável redução. Contudo, o rosto continua a ser singularmente expressivo: *A sabedoria de um homem* — diz a Escritura — *ilumina o seu semblante* (Ecl 8, 1). O rosto é, com efeito, a unidade anatômica por antonomásia, pois revela a alma, o seu estado, a sua atitude. Somente por meio da violência é possível torná-lo não transparente, e há ocasiões em que é praticamente impossível fingir.

Podemos, pois, dizer que o rosto é a parte mais pessoal do corpo humano, justamente porque, mais que nenhuma outra, desvenda a alma. É a parte mais transparente, a que inadvertidamente nos transporta para o mundo interior da pessoa, já que o olhar penetra facilmente através da face, de modo espontâneo e imediato.

Temos como consequência que, normalmente, o rosto não cria problemas sensuais — a não ser que se queira — e, portanto, não os cria também para o pudor. Olhar para um rosto é quase sempre um fenômeno espiritual: desse modo conhecemos uma *pessoa* com a sua personalidade, com aquele «algo» que transcende o corpo porque o supera.

Ainda que em menor grau, também as mãos são expressivas e alusivas. Um punho fechado, uma mão flácida, uma mão contraída exprimem, respectivamente, ódio, languidez espiritual ou um estado de tensão psíquica. A mão tem a sua linguagem e, às vezes, exprime o que se passa em nossa alma muito mais do que supomos. Diferentemente, o pé não exprime nada, só significa e pronto. É apenas um instrumento para caminhar; se «diz» algo mais, fá-lo passando despercebido, como parte de uma totalidade que contribui para apresentar um todo harmonioso e belo.

Não é o caso de entrarmos em detalhes. O que interessa é compreender que o corpo humano se compõe de «unidades anatômicas» dotadas de força expressiva ou ao menos de significado. Dentro desta ordem de valores, há regiões do corpo que somente significam — isto é, não exprimem nada —, pois não gozam da transparência que atribuímos ao rosto, por exemplo. Podemos dizer que são opacas. Quando o olhar se detém em alguma delas, não consegue ir mais longe, permanece bloqueado como se chocasse com um muro; constata a mera manifestação da sua função instrumental, da sua razão de existir. Trata-se das «unidades anatômicas» mais impessoais, pois o espírito não pode exprimir-se de nenhum modo através delas. Além disso, têm aproximadamente o mesmo aspecto em todos os indivíduos, e, portanto, não representam uma pessoa na sua peculiaridade. Se a pessoa se manifesta claramente no rosto, nessas outras regiões permanece inteiramente oculta, já que a atenção é toda absorvida pela opacidade da matéria.

Todavia, algumas dessas regiões possuem um grande poder significativo, sugerindo o prazer. Este é o único sentimento que essas partes comunicam ao homem concreto, de carne e osso, que em maior ou menor grau sempre traz consigo as desordens introduzidas na natureza humana pelo pecado original. Na verdade, ainda que muitos prefiram esquecê-lo, é evidente que cada homem chega ao mundo com esse pecado às costas, com a consequente desordem nas paixões, com o olhar em certo sentido ofuscado, com uma espécie de torpor para as coisas do espírito e «convertido» — isto é, demasiado propenso — às materiais.

Esta é a razão pela qual uma realidade em si mesma nobre e honesta como a nudez do corpo se torna para o homem uma incitação ao prazer. Um prazer também em si mesmo bom, mas nem sempre bom, pois só encontra a sua justificativa e santificação na relação conjugal casta e aberta à procriação. Fora desse contexto, provocar o prazer é pecado grave (ou mortal, como indica a sã teologia). E provoca-se o prazer — ou ao menos corre-se o grave risco de provocá-lo — quando se descobrem ao olhar dos outros aquelas unidades anatômicas impessoais que por si mesmas não dizem nem sugerem nada além do prazer. Somente motivos relacionados com a saúde ou a higiene criam em torno do corpo descoberto uma atmosfera que, normalmente, torna a nudez inócua, ainda que mesmo nesses casos não devam faltar as devidas precauções.

Portanto, à exceção das circunstâncias em que a paixão é vivificada e revestida pelo espírito (o límpido amor conjugal) ou pela dor (a cura de uma doença), desnudar essas unidades anatômicas é, tanto para o homem como para a mulher, uma espécie de despersonalização voluntária, além de uma grave falta de respeito à dignidade própria e alheia.

Tais ações equivalem a pôr-se num nível infra-humano, reduzir-se ao estado de «coisa», de objeto («mulher-objeto», «homem-objeto»), de mero instrumento de prazer sensual. No fim das contas, não são outra coisa que prostituição, ainda que não se chegue à relação carnal. Há diversos modos de prostituir-se, e não é o menos grave aquele que deriva de a pessoa transformar-se a si mesma em «pornô-manifestação» para quem o desejar.

Atualmente, muitos lugares (praias, piscinas, etc.) converteram-se em autênticos centros de prostituição, nos quais sobretudo a mulher se prostitui insensatamente desde a adolescência, tornando-se cúmplice de inumeráveis pecados que, no seu conjunto, vão contaminando a atmosfera espiritual que a humanidade respira. Muitas mulheres, manipuladas como brinquedos pela moda (que, nos seus tirânicos ditames, se aproveita tanto dos baixos instintos como da estupidez humana), condicionam-se pelo «o que dirão», pela frivolidade e pela vaidade, sem perceberem — ou talvez sem quererem perceber — o terrível dano que causam a si próprias e aos outros. Justamente por todos estes motivos, é urgente, hoje, recuperar a capacidade de ver aquilo que, no fundo, a consciência não cessa de repetir, ainda que à nossa volta tudo e todos tentem silenciá-lo.

Uma questão (também) de centímetros

Pudemos observar anteriormente que a visão é o sentido mais próximo do intelecto, pois é com ele que se articula mais intimamente. Visão e intelecto convergem para uma só aspiração: a totalidade. Aborrece-nos compreender as coisas pela metade. Basta conhecermos uma parte de determinada realidade para desejarmos conhecer o todo e procurarmos a maneira de satisfazer esse desejo.

O conhecimento do homem começa sempre pelos sentidos. Quando estes começam a conhecer alguma coisa, o intelecto — mediante a vontade — ordena-lhes que prossigam as suas investigações, harmonizando-se com eles.

Os sentidos, por sua vez — na medida em que a vontade atualmente já não possui o pleno domínio sobre os atos próprios daqueles —, arrastam as demais faculdades na direção dos seus próprios apetites, de modo que se cumpre frequentemente o dito segundo o qual «a fome se junta com a vontade de comer».

O homem só contempla uma das faces da lua. Esta aparece-lhe como algo interessante, e nessa medida cria nele o desejo de contemplar a outra face. De igual modo, ver uma unidade anatômica é realmente um poderoso apelo para ver a unidade do corpo. Este fenômeno humano, este processo lógico, aliás baseado também na experiência, pode iluminar os motivos pelos quais podemos afirmar, sem medo de errar, que a maior parte das peças atuais de banho são provocantes, pois não só deixam a descoberto unidades anatômicas que nada exprimem (isto é, não dizem nada além do prazer sensual), como — e isto é o pior — cobrem apenas pela metade essas unidades, convidando a «ver um pouco mais». O efeito que produzem é ainda mais nocivo do que uma nudez integral. E não é o caso de voltar a explicar por que não se deve descobrir o todo. A verdade é que um certo «vestir-se a meias» é algo provocante, queiramos ou não. E se todos devemos tê-lo bem presente, é especialmente oportuno que os jovens tomem consciência disso, que as mães saibam que é assim.

Chega então um momento em que um centímetro a mais ou a menos pode adquirir grande importância, pois esse centímetro a menos deixa intuir uma unidade anatômica impessoal, fazendo com que toda a roupa se torne assim provocante. Por esse centímetro, a personalidade esvai-se e o corpo perde transparência à vista do próximo; torna-se opaco. Preenche então facilmente todo o campo visual das percepções, transformando-se em mero objeto absorvente. Perde a sua originalidade pessoal e, consequentemente, a sua dignidade.

Nasce assim uma perturbação devida ao repentino e consciente predomínio da animalidade sobre a personalidade, própria ou alheia, perturbação que é causada por um estímulo objetivamente inoportuno. Trata-se de uma reação instintiva da pessoa, que se sente ameaçada pelo despertar prepotente de impulsos psicofísicos particularmente fortes — como são os impulsos sexuais, mais do que os estímulos de outra natureza.

No entanto, sucede que, quanto mais se fala da dignidade da pessoa humana em geral, tanto mais diminui a consciência dessa dignidade: paradoxo curioso, que só se compreende quando se repara que, sob a máscara da sinceridade, se esconde uma hipocrisia superlativa. Embora sempre tenha existido, talvez em outras épocas a hipocrisia estivesse menos disfarçada. Parece que nos nossos dias — em que se desfralda a «sinceridade» como palavra de ordem —, a hipocrisia se tornou mais hipócrita do que nunca, e não ausente, como alguns poderiam supor. Agora já não se sabe onde se encontra, pois está em quase toda a parte, apresentando-se até sob a aparência de autenticidade.

Andou-se criando assim um clima em que o pudor foi atirado pela janela em nome da naturalidade. Não nos deveria surpreender que até o verdadeiro amor acabe por rarefazer-se. O amor é sempre algo pessoal e personalizante, que se dirige a alguém, a um «você», a uma pessoa, e não a um corpo anônimo. Orienta-se para um «você» original e insubstituível, mas o que se costuma ver hoje em dia não vai além de corpos opacos, impessoais e, como tal, passíveis de substituição.

Os usos sociais relativizam até certo ponto as leis do pudor, mas só até certo ponto. Por outro lado, é de todo impossível que o pudor desapareça sem que se façam notar rapidamente as consequências em todos os aspectos da vida pessoal e da sociedade. Mesmo supondo que a moda atual (nos trajes de banho e nas demais peças de vestuário) não provoca realmente nenhum pecado, o próprio modo desavergonhado de comportar-se com o corpo — como se o pudor não impusesse nada — determina um clima de «naturalismo não transcendente» que leva a um progressivo obnubilamento em relação aos valores espirituais e, em última instância, a Deus.

Por outro lado, habituar-se a andar quase sem roupa, mesmo que seja num lugar onde sempre foi normal vestir roupas mais leves, equivale a anular as exigências do pudor. Deste modo, dificilmente se conseguirá preservá-lo em outros lugares em que, sem haver necessidade de sutis argumentações, a falta de critério reto conduz imediatamente ao erotismo, já sem nenhum tipo de disfarce. Um exemplo: se para praticar determinado esporte é necessário e conveniente vestir uma roupa mais curta e apertada, nem por isso se poderá pensar que já não há por que preocupar-se com o pudor no esporte. Ao suprimir essa preocupação nas práticas esportivas (não se trata de «obsessionar-se», mas de «tomar cuidado»), pouco a pouco se irá esquecendo a necessidade de viver o pudor em qualquer situação. Neste caminho de repressão ao sentido do pudor, chegar-se-á a um ponto em que a sua voz já não será perceptível — do mesmo modo que as pessoas podem acostumar-se às fraudes, aos furtos e até aos assassinatos.

Na enorme e viva engrenagem que constitui a vida em sociedade, cada peça deve estar situada exatamente no lugar que lhe compete; do contrário, todas as relações sociais terminarão por desconjuntar-se, ou pelo menos se ressentirão de desordens localizadas.

O pudor é uma peça que a princípio pode parecer de pouca importância, mas é dele que depende em grande parte o controle dos impulsos sexuais. Se estes tiverem livre curso, acabarão por transformar os homens em opressores ou oprimidos, em escravos, pois — não obstante certas convicções ingênuas — não existe nada na anarquia que possa assemelhar-se à liberdade. Ali impera a lei do mais forte, e esta lei não parece ser a mais adequada para promover a justiça, tão louvada por todos; menos ainda para estabelecer a verdadeira caridade, de que tanta falta sentimos. Tudo isso porque não ocupa o seu lugar exato essa peça de aparência insignificante que é o pudor.

E esta conexão entre a perda do pudor e do seu significado, por um lado, e a barbárie que hoje aflige a nossa sociedade, por outro — conexão que poderá parecer exagerada devido à aparente desproporção entre causa e efeito —, é dramaticamente real, porque raramente é objeto de uma reflexão adequada.

A tutela da interioridade

Se o pudor é realmente a reserva peculiar da intimidade; se é realmente o requisito indispensável para que o próprio eu, a pessoa, conserve toda a sua riqueza; se a falta de pudor dilui o caráter pessoal das relações humanas, então podemos concluir que, onde falta o pudor, o ateísmo está presente de forma inevitável, pois o encontro com Deus realiza-se sempre no próprio núcleo da intimidade pessoal. Como poderá falar com Deus — que é o Ser pessoal em grau supremo — quem está habituado a tratar de modo praticamente impessoal os seus semelhantes e até a si próprio?

Naturalmente, pode-se frequentar uma praia onde os trajes sejam em geral extremamente sumários sem contudo cometer pecados de luxúria. Mas, na prática, a intimidade pessoal vai perdendo força, vigor e valor. Paralelamente, há um empobrecimento da vida interior, tornando-se cada vez mais difícil a relação com Deus — que, ao contrário, deve ser sempre mais íntima, sempre personalíssima. De resto, ao perder-se o pudor, perdem-se também os bons costumes e, como é sabido, quando a conduta não se adapta à fé, vai minando-a até eliminá-la por completo.

É, pois, evidente que os pais que consentem que as filhas se vistam de maneira provocante, não só se tornam cúmplices dos pecados que as suas filhas — e muitos outros, que sucumbem a essas situações — podem cometer, mas também do progressivo empobrecimento da fé delas. Muitos pais lamentam-se da perda do sentido religioso dos seus filhos e não percebem que são diretamente responsáveis por essa espécie de vergonhosa prostituição, sem sequer repararem na gravidade do problema.

Um interlocutor relutante poderá talvez ainda mostrar-se pouco convencido e repetir que tudo é uma questão de condicionalismos sociais, de convencionalismos, de costumes, de invenções e/ou preconceitos religiosos; e que, se a criança se habituasse a ver gente sem outra roupa além da pele, o erotismo não a dominaria ao atingir a idade adulta. A sociedade — continuam a argumentar os naturalistas — seria mais pura, como é a dos países avançados, e a pornografia não escandalizaria ninguém. A «liberação» do sexo evitaria complexos desnecessários. Da boa saúde psíquica dos indivíduos derivaria a almejada liberdade social, isto é, aquela paradisíaca condição de indiferença e insensibilidade que hoje a beatice outra vez em voga transforma em tentação e pecado.

Segundo esse ponto de vista, deveríamos alegrar-nos pela circunstância de a televisão, o cinema e a imprensa apresentarem insistentemente imagens que até ontem seriam consideradas inoportunamente provocantes. Contra semelhante tese escreveu há já alguns anos J. M. Pero-Sanz: «Não estou certo de que semelhante abundância traga consigo insensibilidade e indiferença. Fenômenos como a contracepção, a gravidez extramatrimonial, o aborto, não parecem ter desaparecido de uma sociedade na qual, teoricamente, todos estariam imunizados contra qualquer provocação. Ouvimos mil vezes essa história da mudança dos costumes e da sensibilidade. Contudo, o que jamais ouvi é que, como consequência de semelhante 'habituação', hoje seja mais fácil viver a virtude da castidade».

E no século passado, transcrevendo no seu breve romance *Uma sonata para Kreuzer* as palavras do Senhor referidas por Mateus: *Eu, porém, vos digo: todo aquele que olhar uma mulher desejando-a, já adulterou com ela no seu coração* (Mt 5, 28), Leon Tolstoi comentava-as com uma sentença dura, crua, que mais tarde retificaria, como tantas outras de suas afirmações. Vale a pena, contudo, refletir um momento no seu possível significado: «Estamos habituados a mascarar com uma nuvem de poesia o aspecto animalizado do amor físico: somos porcos, não poetas, e é oportuno que o saibamos».

Certamente, nem tudo é poesia neste mundo, como nem toda a montanha é feita de tomilho, ainda que haja tomilho nas montanhas. De igual modo, nem sempre é amor o que chamamos amor.

Esta palavra foi tão distorcida que os adúlteros são designados como «amantes». E assim, à base de trapacear com termos como «sinceridade», «naturalidade», «espontaneidade», «liberdade», muitos acabaram por convencer-se — ao menos assim o pensam — de que tudo é candura debaixo do sol. Parecem ter esquecido (se é que chegaram a saber) que o homem foi expulso do Paraíso e que já não habita nele.

Está claro, por outro lado, que se podem violar as leis do pudor sem deixar à mostra sequer um centímetro de pele. Basta, por exemplo, usar uma roupa mais apertada, ou ressaltar artificiosamente as unidades anatômicas mais impessoais e inexpressivas. Além disso, sabemos muito bem que um imperceptível gesto intencional pode desencadear uma tempestade.

É necessário, por isso, prestar atenção aos detalhes. O pudor, como qualquer virtude, baseia-se sobretudo em pequenas coisas, que merecem o nosso cuidado tanto como as grandes, pois quem é fiel no pouco também o será no muito (cf. Mt 25, 21). Aliás, observamos que, quando o senso comum se enriquece pelo sentido sobrenatural, torna-se fácil saber como adequar o vestuário, o gesto e o comportamento a todas as circunstâncias, e como desmascarar as orientações da moda que não se conciliam com a honestidade requerida pela dignidade do ser humano.

São as mães que têm acima de tudo o dever de educar os filhos e as filhas no sentido do pudor, de modo a consolidar neles esta formidável defesa da intimidade, que é também condição indispensável para o enriquecimento interior e para a abertura aos valores mais altos de uma vida autenticamente humana e cristã. O pudor é um sentimento natural, mas requer também uma delicada educação, segundo umas normas que se repetem em outras situações. Ninguém duvida de que roubar é transgredir uma lei natural e divino-positiva. Todavia, deve-se ensinar as crianças a não se apropriarem dos bens alheios e, ao educá-las nesse sentido, nenhuma pessoa sensata pensa estar cometendo um atentado à liberdade da criança nem causando-lhe um trauma. Procura, antes de mais nada, ajudar a natureza e a própria pessoa a cumprir os seus fins, a realizar as suas mais altas possibilidades.

Dentro desta perspectiva, dizer que o sentido do pudor deve ser educado não significa negar o seu caráter natural, mas afirmar justamente o contrário: que a traição ao pudor é uma traição à natureza. E não há dúvida de que a natureza traída vinga-se sempre, fazendo o traidor pagar caro. Pode uma mãe — ou um pai, naturalmente — admitir que as filhas não conheçam as consequências de certas roupas, comportamentos ou gestos? Sendo mais claros, pode-se permitir que as filhas vistam certas mini-saias e biquinis? Outros detalhes devem ser estudados caso por caso. Com certeza, abre-se aqui um imenso panorama à prática de uma daquelas obras de misericórdia que aparecem nos bons catecismos de doutrina cristã: «Vestir os nus». Na verdade, a nossa sociedade deveria ser mais misericordiosa, começando pelos seus representantes mais à vista.

A realidade é que o pudor não está em conflito com a elegância, antes é exigido por ela. Por pouco que se reflita, concluir-se-á que não existe elegância onde falta o pudor. Mais precisamente, o pudor é a afirmação da supremacia do espírito, a exaltação da personalidade humana. «A fineza do verdadeiro pudor — escreveu Giambattista Torelló — promana de altos pensamentos e fortes paixões, não de mentes fechadas, embotadas por preconceitos contra tudo o que é carnal».

Uma dessas fortes paixões é o domínio sobre si mesmo, através do qual se possui e se domina a própria personalidade, a própria intimidade. Mas isto não acontece quando o corpo — que é algo extremamente pessoal para o ser humano — está abandonado à posse, ao menos intencional, de qualquer um. Desse modo, o corpo (e também a pessoa a que este pertence) transforma-se em «coisa de ninguém» pela própria circunstância de ser «coisa de todos». E então se pode dizer — com toda a força popular que tem a expressão — que aquela pessoa, assim abandonada, «é de quem a quiser». Esta é a realidade.

Quando a mulher perde o pudor, rompe a integridade do seu próprio mistério, aquilo que lhe permite ser mais do que um simples objeto: uma pessoa. Existe aqui algo essencialmente misterioso e inexaurível, de certo modo eterno e infinito. Abdicando do pudor, a mulher fecha as portas ao amor, pois este só é capaz de desenvolver-se num ato, num momento ou num clima de intimidade. Não é possível falar de amor na ausência desta gênese pudica e maravilhosa. O pudor preserva o mistério, que é essencial à mulher. O que não é misterioso não é capaz de oferecer um interesse duradouro. A realidade atrai a atenção ao apresentar-nos algum enigma, mas quando o mistério desaparece, passa-se adiante, esquece-se o passado. Uma mulher sem pudor é algo exaurível, sem mistério: rapidamente desaparece o seu encanto e invade-a o vazio, paulatina ou subitamente. A angústia morderá a sua alma, talvez irremediavelmente.

A princípio, quando descobre o seu corpo, a mulher desprovida de senso comum — é este sentido que falta em tais casos, de modo transitório ou permanente — pensa ter conquistado feminilidade. Todos percebem, porém, que se trata de um corpo sem alma. O corpo aviltou o que havia de misterioso e necessário, aviltou a própria alma. E o que é uma mulher sem alma? O que é uma mulher desumanizada? O que restou da sua feminilidade? A mulher perdeu estupidamente o melhor de si mesma. Desvaneceu-se para sempre o perfume da sua verdadeira feminilidade e só resta um recipiente vazio.

Com um pouco de bom senso, essa mesma mulher poderia ter embelezado tudo com a sua presença, com a sua alma enriquecida pela prática das virtudes humanas e daquelas outras mais especificamente cristãs. As mais puras características da sua pessoa ter-se-iam mostrado nos seus olhos, no seu sorriso, nos seus gestos, no seu porte. Ao invés disso, um corpo sem alma apodrece e empesta tudo, pois sem alma o corpo é um cadáver em vias de putrefação. Em tais condições, a alma incorruptível torna-se quase «uma alma sem alma», na qual nada há, exceto uma pavorosa solidão.

Não ser cúmplices

Se a mulher perder a alma (e a alma, segundo o catecismo e conforme ensina a fé, é só de Deus, para Deus e nada mais do que para Deus, e deve ser colocada por amor dEle nas suas criaturas para ordená-las para Ele...), o que será da alma do mundo e da humanidade inteira? O que será do homem se a mulher deixar de ser a guardiã e defensora daquilo que lhe é mais íntimo? Como pode pretender não ser olhada como «objeto» se ela mesma se mostra como objeto? Por que compra revistas — e as sustenta economicamente, portanto — ou assiste a espetáculos em que a mulher não passa de uma «coisa», mero instrumento, trapo sujo e repugnante coberto — isso sim — de quinquilharias e ouropéis? Como é possível que consinta em ser cúmplice de repugnantes interesses masculinos? Por que não defende verdadeiramente a sua dignidade, com atos mais do que com palavras, fugindo de posições e comportamentos equivocamente feministas?

Em suma, se se quer «promover» a mulher, a primeira coisa a fazer é vesti-la com simplicidade e elegância, e isso implica ater-se, antes de mais nada, às leis fundamentais do pudor e da modéstia. É uma batalha que vale a pena ser travada, pois existe algo no aspecto e na atitude de uma mulher que permite ao olhar do homem descobrir nela aquele «algo mais» — mais do que o corpo, mais do que um objeto — que é a sua alma, a sua pessoa, aquilo que chamamos personalidade.

Trata-se de uma vida interior impalpável, mas rica e por isso irreprimível, capaz de traduzir-se ao exterior em mil detalhes que mal podemos notar, mas que criam no ambiente um clima único e oferecem um verdadeiro serviço ao facilitarem a elevação do pensamento. Deste modo, ao invés de encolher-se sobre um corpo opaco, sem alma, o olhar é capaz de atingir as regiões mais profundas da pessoa, chegando a esse ponto em que se descobre a imagem de Deus que é a criatura humana.

SOCIEDADE E PUDOR

Carlos Alberto Di Franco[*]

O homem diferencia-se do animal porque o seu comportamento não depende de instintos automáticos. Precisa do alicerce dos valores. E quando destrói

---

(*) Bacharel em Direito, especialista em Jornalismo Brasileiro e Comparado e Doutor em Comunicação pela Universidade de Navarra. É o representante no Brasil da Faculdade de Comunicação da Universidade de Navarra, professor convidado da Facultà di Comunicazione Sociale Istituzionale (Roma) e do Curso de Jornalismo Aplicado do Grupo Estado. É Diretor da "Di Franco, Consultoria em Estratégia de Mídia" e Consultor de Empresas Informativas. Colunista de diversos jornais brasileiros. Membro do Conselho Nacional de Auto-Regulamentação Publicitária (CONAR), do Comitê Editorial da Associação Nacional de Jornais (ANJ) e do Conselho Editorial da Revista Comunicación y Sociedad (Pamplona, Espanha).

esse alicerce, torna-se capaz de qualquer desvario e corre o risco iminente de afundar-se individual e coletivamente.

A moral — esse conjunto de valores que regem os atos humanos — não é, como querem crer alguns ideólogos da indústria cultural, um simples verniz que retoque as aparências do universo humano. Ao contrário, é a própria condição de sobrevivência do homem neste mundo. Por isso, torpedeados os valores, é todo um universo que desmorona. No plano individual, a pessoa transforma-se num marginal, desprovido de princípios e de rumo; mas não são só esses marginais, organizados em falanges para o que der e vier, que se deixam dirigir pela razão cínica; crescentemente, são todas as camadas sociais que assumem uma visão pragmática e negativa da vida, com a consequente generalização da corrupção, da irresponsabilidade e do caos.

Esta digressão é necessária para se entender o alcance social da virtude do pudor. Ao contrário do que afirmam alguns, não é mera questão de convencionalismos transitórios. Na verdade, esta é uma das virtudes que possui em grau mais alto a discreta eficácia de um alicerce. O menoscabo pelo pudor produziu, ao longo dos tempos, fissuras que acabaram implodindo civilizações inteiras.

«Quando quisermos destruir uma nação, deveremos destruir a sua moral. Assim, ela cairá em nossas mãos como um fruto maduro». A receita de Lenin, carregada de cínico realismo, sintetiza a tática adotada por todos os sistemas de dominação humana. Uma sociedade narcotizada pelo erotismo é presa fácil dos interesses ideológicos, políticos e econômicos. A pornografia, estopim da violência, foi amplamente instrumentalizada pelos partidários de Hitler. As bandeiras da «liberdade sexual» e da abolição da censura moral, desfraldadas pelos partidos de inspiração gramsciana, têm propiciado excelentes dividendos políticos. E também a indústria pornográfica, livre do desconforto da clandestinidade, fatura em cima de uma ficção de liberdade.

A experiência cotidiana, contudo, confirma os estudos realizados no mundo inteiro acerca das consequências negativas do erotismo. Ninguém pode considerar-se imune aos efeitos degradantes da pornografia, ou a salvo da erosão dos valores causada por ela. A pornografia, aberta ou a camuflada, deprecia a sexualidade, perverte as relações humanas, explora os indivíduos — especialmente as mulheres, os jovens e as crianças —, destrói a vida familiar, inspira atitudes antissociais e debilita a fibra moral da sociedade.

A proteção dos valores morais, sem os quais a sociedade entra em desagregação, é um ato de legítima defesa social. Não há dúvida, portanto, de que o pudor é um bem que a lei deve resguardar, punindo as transgressões que o ofendem.

É indiscutível que o cidadão comum ganhou maior sensibilidade para os assuntos referentes à preservação do meio-ambiente. Todos sabem que não se pode impunemente destruir uma mata, eliminar uma espécie animal, etc. Todos, em maior ou menor grau, são capazes de intuir que a natureza tem regras que precisam ser respeitadas. Pois bem, se a intervenção do Estado se impõe no combate às práticas predatórias e à poluição do meio-ambiente, é igualmente necessária na defesa da sociedade contra os efeitos nocivos da contaminação moral.

Argumentos falaciosos são esgrimidos na tentativa de impedir a intervenção do Estado no campo da moralidade pública. O espectro da censura política, por exemplo, é utilizado como fator inibidor de qualquer esforço de controle moral por parte da autoridade pública.

O artigo 5º, inciso IX, da Constituição brasileira diz que é livre a expressão da atividade intelectual, artística, científica e de comunicação, independentemente de censura ou licença. O preceito constitucional, habilmente pinçado do contexto, tem servido como argumento para bloquear a legítima intervenção do Estado na defesa da moralidade pública. Não se repara, porém, que essa mesma Constituição determina enfaticamente no seu artigo 221, inciso IV, que as emissoras de rádio e televisão respeitem «os valores éticos e sociais da pessoa e da família». O direito à liberdade de expressão, essencialmente vinculado à verdade e ao debate das ideias, nada tem a ver com os abusos da obscenidade.

Com efeito, pretende-se dar à liberdade de comunicação a qualidade de um direito absoluto, esquecendo-se que direito absoluto não significa um direito ilimitado. Afirmar que um direito é absoluto significa que ele é inviolável nos limites que lhe são assinalados pelos motivos que justificam a sua vigência, e sobretudo que esses limites são balizados pelo respeito à dignidade humana e pelos direitos dos outros homens.

A liberdade de expressão é inerente ao sistema democrático. Mas a responsabilidade é o outro nome da liberdade. Fundamentar as decisões democráticas em critérios estritamente numéricos é uma estratégia com trágicos precedentes históricos. As ditaduras, de direita ou de esquerda, costumam invocar pretensos consensos como justificativa para a eliminação da própria liberdade de expressão. Além disso, não há consenso que possa legitimar agressões aos princípios da moral natural.

Na verdade, a democracia, corretamente entendida, é o sistema que mais genuinamente respeita a dignidade da pessoa humana. Por isso, ao contrário do que pretendem os partidários da moral descartável, a atuação do Estado na defesa da moralidade pública é um dever democrático. Paradoxalmente, alguns defensores do abstencionismo do Estado em matéria moral são, ao mesmo tempo, os mais ardorosos propagandistas do intervencionismo estatal na economia e na educação.

Ao longo dos últimos anos houve uma revolução mundial no modo de captar os valores morais, seguida de mudanças profundas na maneira de pensar e de agir das pessoas. Os meios de comunicação social tiveram e continuam a ter um papel importante neste processo de transformação individual e social, na medida em que introduzem e refletem novas atitudes e estilos de vida.

Na verdade, o cidadão médio, alheio a outras fontes de conhecimento e de pensamento, fica inteiramente exposto à influência dos meios de comunicação social, particularmente os eletrônicos. Estes são os verdadeiros canais de informação e, portanto, de formação da opinião pública. Assim, a própria consciência nacional, os padrões culturais e morais, as crenças, hábitos e anseios, são, em larga medida, modelados por esses veículos de comunicação.

É natural que exista uma conexão entre o que a mídia produz numa determinada sociedade e a realidade própria dessa sociedade, pois o produto e o meio interagem reciprocamente; em países de menor desenvolvimento cultural, porém, a possibilidade de a mídia exprimir valores e concepções com relativa autonomia é muito maior. Na verdade, os meios de comunicação social vêm adquirindo uma espécie de monopólio sobre o tempo de lazer das pessoas, e lidar bem com esse monopólio seria a grande responsabilidade de todos os veículos. No entanto, em nome de um conceito distorcido de livre competição, pautado por meros interesses mercadológicos e pela crescente relativização dos valores morais, a mídia ultrapassou todos os limites da permissividade. A demissão da virtude do pudor, decretada por alguns veículos de comunicação social, é um paradigma dessa tendência.

Basta um único exemplo: uma carta, permeada de precoce amargura, foi encaminhada recentemente à redação de certa revista brasileira por uma menina de 13 anos, do Recife. Contava ela que aos 11 anos passava dia e noite diante da televisão. «Aprendi, desde então, a ver tudo com malícia e, em consequência, amadureci antes do que devia. Que país é este, que nos passa a irresponsabilidade de uma promiscuidade sem fim?» A carta é o grito de revolta de alguém que teve a infância sequestrada pela violência da mídia. A dramaticidade do recado merece reflexão.

Os meios de comunicação social, particularmente a televisão, tornaram padrão um tipo de liberalidade inimaginável em nações civilizadas. Nos Estados Unidos, país reconhecidamente democrático, existe a *Federal Commission of Communications*, ligada ao Congresso, que acompanha o desempenho das televisões. Há, além disso, uma lei federal proibindo pornografia e programas obscenos, o *Communications Act*. Mas as próprias emissoras têm os seus códigos e eles são cumpridos com rigor. Na rede *NBC*, as modelos são obrigadas a usar pelo menos alguma peça sobre o corpo em comerciais. Piadas sobre drogas e sexo são vetadas na *ABC*. São apenas exemplos de como um meio de comunicação poderoso precisa preocupar-se com detalhes, pois é a soma dos detalhes que determina o conjunto. Na França, a

Haute Autorité Audiovisuelle, composta por 90 membros, não só assessora o Legislativo, mas também fiscaliza o cumprimento da legislação.

Entre nós, porém, bastam alguns minutos de programação para se reparar que algumas emissoras de televisão vivem num eterno carnaval, apesar de mais de uma pesquisa ter mostrado que o telespectador brasileiro deseja ver programas sérios, nos quais a realidade nacional seja discutida de forma adulta no noticiário, nas novelas, nos filmes, etc. Os próprios espectadores condenam os palavrões e o sexo apelativo, o que é sem dúvida um veredito contrário aos produtores e publicitários.

É característica essencial da democracia respeitar as diferenças de opinião, porque, de fato e de direito, o modo de pensar de todos os cidadãos merece respeito. Segmentos reduzidos da sociedade, contudo, modelam — quase que a

cavaleiro sobre a realidade nacional —
a cosmovisão de todo um povo. Por isso,
é possível exportar, através da mídia,
para todos os rincões do país, um padrão
uniforme de pretensos valores, de estilos
de vida próprios de pequenos extratos
sociais, que se quer impor a todos sem a
menor consideração pela fisionomia do
país real.

Além disso, por mais que a sociedade
tenha mudado, tenho a certeza de que
o pretenso «realismo» que se alardeia
como justificativa para a *overdose* de licenciosidade
que invade os lares, não retrata
a realidade vivida pela maioria esmagadora
da população. Como lembrou
alguém, ainda há muita gente que cultua
os valores de sempre, os quais dão sentido
e dignidade ao ato de viver. Ainda há
pessoas que, diante do vizinho doente,
correm a socorrê-lo; e sofrem por uma
criança abandonada; e estendem a mão
a um amigo. E rezam. E choram pelas

vítimas de uma tragédia ou de uma violência, como qualquer ser humano.

A pretexto, no entanto, de mostrar a vida como ela é, arma-se um desfile daquilo que a natureza humana é capaz de produzir de mais sórdido e abjeto. Aberrações e situações patológicas, apresentadas num clima de normalidade, bombardeiam salas de cinema e programas de televisão. E o excessivo apelo sexual já não se limita ao horário destinado ao público adulto, que também não pode considerar-se imune aos efeitos degradantes da pornografia. Curiosamente, uma portaria do Ministério da Saúde determinou que a propaganda de cigarros nas emissoras de rádio e televisão só será permitida no horário reservado ao público adulto; não deixa de ser paradoxal...

Efetivamente, os paradoxos são eloquentes e refletem o brutal equívoco de uma cultura que agride a dignidade da pessoa humana. A política nacional de prevenção da Aids, por exemplo, é um paradigma dessa tendência. «Limite o número de parceiros e faça sexo com segurança». A mensagem institucional, profundamente desumanizadora, transforma a autoridade pública em cúmplice e promotora da dissolução dos costumes. A última novidade está nos métodos de educação sexual: há até jogos para ensinar o que é a Aids, em que o garotinho ou a garotinha que vencer ganha um preservativo. Como disse alguém, não se cura o avarento dizendo-lhe que se dedique cada vez mais ao seu vício, mas fazendo-lhe ver, com a paciência necessária, que a vida humana é algo mais amplo, mais rico e mais profundo que a mera ânsia de acumular dinheiro. Da mesma forma, os desvios de origem sexual não se curam levando as pessoas a dedicar-se — sem «complexo de culpa» — a todas as formas possíveis de atividade sexual.

As ideias de tabu, repressão e libertação, habilmente manipuladas, exercem um autêntico patrulhamento comportamental. O despudor é saudado como manifestação de modernidade. A decência, contudo, é estigmatizada como anacrônica. As reportagens sobre comportamento, veiculadas nos principais meios de comunicação social, reforçam a artilharia da nova «moral».

«Quando uma situação se corrompe, a primeira corrupção se dá na linguagem». Esta afirmação, do escritor Octavio Paz, foi confirmada por um triste episódio envolvendo a publicação de um ensaio que reuniu fotografias de meninas de 10 a 17 anos, semi ou totalmente nuas e em poses sensuais. O coordenador das Curadorias da Infância e da Juventude, de São Paulo, apoiado no Estatuto da Criança e do Adolescente, determinou que se abrisse um inquérito policial para apurar as responsabilidades. Procurou-se justificar a lamentável iniciativa mediante um barroco equilíbrio semântico. «Nudez não é pornografia e sensualidade não significa falta de pudor», afirmaram alguns. «A liberdade de expressão está sendo comprometida», reagiu o autor do ensaio, insinuando que, por trás da intenção do curador, estaria a tentativa de ressuscitar controles autoritários. Para a mãe de uma das meninas, de dez anos, o trabalho «foi espetacular, muito artístico». E o pai esgrimiu o surrado argumento: «A malícia está na cabeça deles».

O caso das «ninfetas», que chocou a opinião pública, não é um episódio isolado. Recentemente, o suplemento de um jornal noticiou que os estudantes da sétima série de um colégio de São Paulo, com idades entre 12 e 13 anos, encenaram uma peça que, a princípio, deveria ser apenas o trabalho final dos alunos da cadeira de Teatro. Já no fim do espetáculo, uma das «atrizes» virou-se para a plateia e perguntou a uma das mães qual seria a idade para que a sua filha, também integrante do elenco, tivesse a primeira relação sexual. Os adultos riram, simulando naturalidade. A mãe levantou-se e argumentou que a escolha caberia à própria filha. «Cada um sabe quando está pronto para assumir a sua sexualidade», disse. O diálogo, reproduzido no suplemento, é exemplar. Reflete com crueza a subversão do próprio sentido da maternidade. Indica, além disso, que o clima de decomposição moral já minou os alicerces da própria família.

Na verdade, o veneno contra a virtude do pudor vai sendo pouco a pouco instilado pelos meios de comunicação em todas as estruturas tradicionais. O empenho de aliciamento é evidente. Basta pensar, por exemplo, no marketing de naturalidade com que certa publicação pornográfica promove a nudez de conhecidas figuras do mundo esportivo, artístico, etc. Tal comportamento, festejado com declarações de apoio da família, de amigas e de namorados, indica o grau de cumplicidade a que se chegou. E a própria mulher (mãe, irmã, namorada, esposa), com a destruição da sua identidade, transforma-se em combativa militante da nova «moral».

A guerra contra a virtude do pudor é uma realidade que acarretará um custo muito alto. Na verdade, o pudor justifica-se porque a sexualidade é uma das dimensões profundas da personalidade, algo de que toda a pessoa sadia sabe que não pode tratar com a mesma ligeireza com que se fala do tempo. A degeneração dos costumes tem sido o preâmbulo de uma generalizada degeneração social. Fala-se muito da corrupção que flagela o setor público, e lança-se mão da denúncia mais enérgica e mais pertinaz. Mas já não é mais possível ocultar a verdadeira raiz do câncer que, lentamente, vai tomando conta do organismo social: a crise moral.

A situação, desenhada com as cores fortes de casos reais, é grave. No entanto, justamente em função dessa realidade é que é necessário falar do pudor. Lamentar-se não conduz a nada. Os que condenam os meios de comunicação social, particularmente os eletrônicos, querem que as coisas mudem pela ação dos outros, por decisão das emissoras, por uma intervenção do Estado ou através da censura.

Na verdade, padecemos de *conformismo crônico*. Existe um elo indissolúvel entre o cidadão que suporta a ineficiência dos serviços públicos, o consumidor que aceita um produto adulterado e o telespectador que, passivamente, sofre os efeitos da poluição eletrônica. Todos deixaram de levar em conta a própria liberdade. É importante que a chamada sociedade civil se manifeste, utilizando os instrumentos de autorregulamentação, a legítima pressão sobre as autoridades e a estrutura legal do Estado de direito.

Uma sentença judicial, determinando que certo jornal sensacionalista editado em São Paulo seja vendido em embalagem lacrada «sempre que houver destaque para cenas de violência, sexo ou emprego de expressões obscenas ou chulas», é uma amostra concreta da eficácia das pressões da sociedade.

A sociedade dispõe de inúmeros instrumentos para fazer valer os seus direitos: o Código de Autorregulamentação Publicitária, o Código de Ética da Associação Brasileira do Consumidor, etc. A sua eficácia, contudo, depende de um permanente exercício da cidadania.

Uma carta dirigida a um jornal ou um simples telefonema a um anunciante podem parecer providências modestas. Os que conhecem os delicados sensores da mídia, no entanto, sabem da importância dessas iniciativas.

Os meios de comunicação social consideram-se os vigias da sociedade; mas... quem irá vigiar os vigias? Cada um de nós poderia muito bem nomear-se a si mesmo, no seu papel de consumidor, para essa tarefa. Quando os consumidores tomam a iniciativa, acabam sendo ouvidos. As queixas são consideradas. Às vezes, são até mesmo ouvidas sistematicamente. Por exemplo, um método que os editores de jornais têm para decidir como alocar o limitado espaço para as tiras de quadrinhos é deixar de publicá-los temporariamente. Interrompem a publicação de uma tira que suspeitam ter baixa popularidade, para ver quem reclama. Se há poucas queixas ou nenhuma, a tira fica de fora; se há muitas, é colocada de volta. Chamam a essa medida «índice de estridência». Os gritos estridentes são atendidos; portanto, não tenhamos receio de fazer barulho em algo mais importante que as tiras de quadrinhos.

A promoção da virtude do pudor reclama, sobretudo, criatividade. É muito cômodo atribuir à mídia toda a responsabilidade pela falência da educação dos filhos. É ilusório também imaginar que um elenco de proibições governamentais resolva o problema, apesar de constituir um dever ineludível das autoridades públicas. A atitude da família, propondo alternativas estimulantes aos filhos, é a única saída. Uma boa seleção de vídeos, modernos e tecnicamente bem feitos, pode ser a melhor resposta às apelativas prateleiras de certas video-locadoras. E até resgatar o velho hábito do bate-papo em família pode solucionar muitos problemas.

Como lembrou alguém, se a família não cumprir o seu papel, não será a mídia que preencherá esse espaço com a devida competência. E o que resultar como sequela dessa dose industrial diária de sexo e de comportamento leviano que a mídia despeja em cima de nós será a consequência direta do nosso conformismo, da nossa omissão e da nossa irresponsabilidade. A batalha do pudor trava-se no âmago da sociedade civil: cobrando responsabilidades, elegendo com consciência os representantes públicos, exigindo uma legislação que respeite a dignidade da pessoa humana, pressionando legitimamente as autoridades. É uma batalha que exige fibra moral e perseverança. E hoje em dia é uma tarefa intransferível e absolutamente urgente.

Direção geral
Renata Ferlin Sugai

Direção editorial
Hugo Langone

Produção editorial
Juliana Amato
Gabriela Haeitmann
Ronaldo Vasconcelos
Daniel Araújo

Capa
Provazi Design

Diagramação
Sérgio Ramalho

ESTE LIVRO ACABOU DE SE IMPRIMIR
A 8 DE SETEMBRO DE 2023,
EM PAPEL OFFSET 90 g/m^2.